I0470736

My Personal Passwords

Site	User ID/Login	Password

Site	User ID/Login	Password

Site	User ID/Login	Password

Site	User ID/Login	Password

Site	User ID/Login	Password

Site	User ID/Login	Password

Site	User ID/Login	Password

Site	User ID/Login	Password

Site	User ID/Login	Password

Site	User ID/Login	Password

Site	User ID/Login	Password

Site	User ID/Login	Password

Site	User ID/Login	Password

Site	User ID/Login	Password

Site	User ID/Login	Password

Site	User ID/Login	Password

Site	User ID/Login	Password

Site	User ID/Login	Password

Site	User ID/Login	Password

Site	User ID/Login	Password

Site	User ID/Login	Password

Site	User ID/Login	Password

Site	User ID/Login	Password

Site	User ID/Login	Password

Site	User ID/Login	Password

Site	User ID/Login	Password

www.ingramcontent.com/pod-product-compliance
Lightning Source LLC
Chambersburg PA
CBHW071603170526
45166CB00004B/1770
* 9 7 8 1 4 9 2 7 9 3 9 4 6 *